KB243992

인생이 하나의
질문이라면

인생이 하나의 질문이라면

허병민 지음

북클라우드

의문이 없는 곳에는,
문제도 없다

간단한 테스트를 한번 해볼까 합니다. 아래의 리스트를 찬찬히 훑어봐주세요. 자신이 해당된다고 생각하는 것이 있으면 과감하게 체크하시면 됩니다.

지난 일주일 동안 나는,
① 나 자신에 대해 10분 이상 생각해봤다.
② 주변 사람들에 대해 10분 이상 생각해봤다.
③ 직장생활(혹은 학교생활, 사회생활)에 대해 10분 이상 생각해봤다.
④ 꿈(비전)에 대해 10분 이상 생각해봤다.

"꼭 10분이어야 하나?" 아닙니다. 한 시간이어도 되고, 열 시간이어도 됩니다. 다만 시간이 늘어나면 늘어날수록 긍정적인 대답이 나올 가능성은 그만큼 낮아질 테니 가볍게 10분으로 예를 들어본 겁니다. 자, 어떤가요? 아무것도 아닌 것처럼 보이는데 정말 아무것도 아닌 것처럼, 자신 있게 대답이 나오나요?

사실 다소 뜬금없이 이런 테스트를 한 데는 이유가 있습니다. 잠깐 2014년으로 돌아가볼까 합니다. 2014년 4월 말에 제 다섯 번째 책《나의 꿈은 내가 되는 것이다》가 출간됐습니다. 책을 펴면 추천사가 바로 눈에 들어오는데요. 첫 번째로 보이는 추천사가 한겨레 기자이자 건축 칼럼니스트였던 故 구본준 기자가 쓴 추천사입니다.

구 기자로부터 추천사를 받고 언제 식사 한번 하자고 한 그때가 2014년 2월 중순경이었을 겁니다. 그리고 누구나 자주 그러하듯이 저희도 서로 바빠서 중간 중간 보자는 문자만 교환했는데, 그 기회가 영영 날아가버렸지요.

기억이 아직도 생생합니다. 구 기자의 비보가 들려온 바로 전날 새벽, 그의 페이스북에 올라온, 그에 대한 근심걱정으로 가득했던 주변 지인들의 글들. 우려는 현실이 됐지요. 그가 해외로 출장을 떠났다가 거기에서 심장마비로 세상과 작별한 겁니다. 2014년 11월 12일의 일이었습니다.

며칠간 좀 어안이 벙벙했습니다. "출장에서 돌아오면 이번엔 꼭 보자." 그의 마지막 문자를 여러 번 확인하고 나서야 조금

씩 실감을 하게 됐지요. 기분이 이상했습니다. 아마 그때쯤이
었을 겁니다. 그의 추천사를 다시 꺼내보게 된 것이.

가장 사랑하고 싶은데 오히려 미워지기 쉬운 사람,
가장 믿어주고 싶은데 종종 나를 속이는 사람,
가장 솔직하게 이야기하고 싶은데
막상 마주 보려면 부담스러운 사람,
그 사람이 바로 '나'일 것이다.

'자기계발'이라고 하면
세상을 살아가는 기술을 배우는 것으로 생각하기 쉽다.
하지만 진정한 자기계발은
내가 나를 이해하고,
내가 원하는 나를 향해
그냥 한 걸음씩 나아가는 것이라 생각한다.
그러기 위해선 물어야 한다.
'나'는 어떤 사람인지.

(중략)

답은 찾지 못해도 좋다.
우리는 늘 변하기 마련이고,
인생에 정답이
하나로 정해져 있는 것도 아니니 말이다.
그냥 내게 묻고,
나를 이해하고,
나와 친해지자.
세상에 나 자신만큼
나랑 친해야 할 사람은 없다.

처음에 그가 추천사를 건넸을 때 받았던 느낌과는 사뭇 다르게 다가오더군요. 그가 독자들에게 던지고자 한 메시지가 뭐였을까, 혼자 생각해보았습니다.

딱 한 가지로 귀결되더군요. 나를 체험해야 한다는 것. 나를 몸소 겪어봐야 한다는 것. 나를 겪어보지 않고서는 인생을 제대로 살고 있다고 할 수가 없다는 것. 인생은 결국, 나를 알아가는 것에 다름 아니라는 것. 이 이야기를 쉽게, 제 나름대로 다시 정리해보니 다음과 같은 몇 가지 질문들로 수렴되더군요.

첫째, 나는 누구인가. 둘째, 나는 나를 어떻게 생각하는가. 이 두 개의 질문들을 토대로 반드시 던져봐야 하는 마지막 질문, 그래서 현재, 나는 행복한가. 처음에 여러분에게 던진 테스트가 그렇게 해서 나오게 된 겁니다.

지난 일주일 동안 나는,
① 나 자신에 대해 10분 이상 생각해봤다.
② 주변 사람들에 대해 10분 이상 생각해봤다.
③ 직장생활(혹은 학교생활. 사회생활)에 대해 10분 이상 생각해봤다.
④ 꿈(비전)에 대해 10분 이상 생각해봤다.

사실을 고백하자면, 그가 떠난 그 시기가 저에게는 자문자답 自問自答이 절실하게 필요했던 시기였습니다. 작가로서의 삶을 지속하는 게 맞는지, 주변 사람들과의 관계는 왜 이리 꼬이고 있는지, 문제가 조금씩, 차곡차곡 쌓여가던 시기였지요. 바로 그런 시기에 마치 경종이라도 울리듯 다시 보게 된 그의 추천사 속에서, 저는 비록 정답까지는 아니더라도 제가 찾아야 하는 저만의 답에 대한 힌트를 얻을 수 있었던 것 같습니다.

그의 말을 다시 인용해보면, 한 번쯤은 자신에게 물어봐야 합니다. '나'는 어떤 사람인지 나에게 묻고, 나를 이해하고, 나와 친해지는 과정을 겪어야 합니다. 모든 문제는, 그것을 풀어나갈 수 있는 출발점은 다름 아닌 '의문'을 갖는 것에서 시작되기 때문이지요.

앞으로 여러분은 총 71개의 질문들과 맞닥뜨리게 될 겁니다. 다양한 스펙트럼의, 다양한 고민을 요하는, 다양한 레벨의 질문들이 눈앞에 펼쳐질 겁니다. 이 질문들과 좀 더 효과적으로, 좀 더 수월하게 맞붙을 수 있는 팁을 몇 가지 드려볼까 합니다.

_1_ 솔직해지세요.
영어에 'brutally honest'라는 표현이 있습니다. 직역하면 '잔인하리만치 솔직한'이란 뜻이지요. 자기 자신에게 100퍼센트 솔직해져보세요. 물론 말처럼 쉬운 일은 아니지만 피해서는 안 되는 '절대적인' 전제이지요. 뭐, 누가 옆에서 지켜보는 것도 아니니 남을 의식할 것도, 남의 눈치를 볼 것도 없습니다. 정정당당하게, 자신에게 솔직담백해져보는 겁니다.

_2_ 맥락을 따져보세요.

질문이라는 것은, 어디까지나 내가 처해 있는 환경이나 상황이라는 맥락context 속에서 해석될 때만 의미가 있습니다. 고로, 맥락을 반드시 따져보세요. 나라는 사람, 그리고 나라는 사람이 처해 있는 환경, 이러한 필터를 거치지 않은 채 나 자신에게 질문을 던진다는 건 사실 무의미하다고 생각합니다. 질문을 철저히 자신의 것으로 만드세요. '내가 없는' 질문은, 그저 활자 뭉치에 불과할 뿐입니다.

_3_ 어깨에서 힘을 빼세요.

인생을 적어도 60~70세까지 살아본 분이 아니라면, 어쩌면 우리는 어떤 상황에서도 무언가를 자신하거나 확신해서는 안 되는지도 모르겠습니다. '연륜'이라는 표현이 괜히 있는 게 아니지요. 자신의 어깨에 들어가 있는 힘을 조금만, 아주 조금만 빼주세요. 따지고 보면 아무것도 아닌 그 무게를 약간만 덜어내면, 반대로 자신을 좀 더 객관적으로 바라볼 수 있는 힘이 생길 겁니다.

제가 좋아하는 광고 카피 중, 예전에 나이키에서 만든 카피가 하나 있습니다.

Everything you need is already inside.

당신에게 필요한 모든 것은, 이미 당신 안에 있다.

혹시라도 질문들과 맞닥뜨리다가 기운이 빠지거나 힘들어서
책을 덮고 싶다는 생각이 들면, 부디 이 문장을 한 번만 되뇌
어봐주세요. 마음이 한결 편안해질 겁니다.

굿 럭.

2016년 10월
Talent Lab 서재에서

허병민

01

×

내 안을
깊숙이 들여다보고 싶은
나에게

02

×

목적지를 잃고
잠시 멈춰 있는
나에게

03

단조로운 일상에
영감이 필요한
나에게

04

누군가와 한 뼘 더
가까워지고 싶은
나에게

05

한 걸음 한 걸음,
일상의 변화를 꿈꾸는
나에게

01

내 안을

깊숙이 들여다보고 싶은

나에게

confidence

무엇 때문에
망설이고 있지?

셰프 고든 램지가 진행하는 〈헬스 키친Hell's Kitchen〉과
셰프 에드워드 권이 진행했던 〈예스 셰프Yes Chef〉에서
공통적으로 발견되는 점은,

도전자들이 가져야 하는 것과
진행자들이 갖고 있는 것이 똑같다는 점.
바로 자신감.

자신감은 선택의 대상이다. 그것은 의식을 어떻게 사용하느냐
에 따라 결정되는 작용이다. 운명이 스스로 개척해나가는 성질
의 것이듯, 자신감 또한 마찬가지다. 그것은 스스로 개척해나갈
수 있고, 또 개척해나가야 하는 성질의 것. 고로 지금 이 순간부
터 적극적으로 인정하고 취하라, 자신의 성실함의 무게를.

자신이

정말로 좋아하는 일을

7년 동안 한다면,

다른 부수적인 문제들은

모두 해결됩니다.

– 미야자키 하야오, 애니메이션 감독

What is your answer?

pretend

드라마를 보다가 뒤통수를 맞았다.

공감 100%의 대사.

"센 척하면, 힘들어져요."

강한 척하면 할수록 사람들은 당신을 강한 사람으로 인식하기
는커녕 오히려 약한 사람으로 인식한다. 똑똑한 척하지 말고
똑똑해지자. 있는 척하지 말고 있는 사람이 되자. 거만을 키우
지 말고 실력을 키우자. 약해빠진 사람들이 자신의 실체를 감
추기 위해 강한 척한다. 고수는 결코 자신을 속이지 않는다.

센 척하면
너만
힘들지!
우산을
쓰든지
아니면
피하든지
BABO

What is your answer?

value

단 하나만

가질 수 있다면

무엇을?

만약 누군가가 당신에게 총을 겨누면서

"네가 소중하게 생각하는 것들,
 딱 하나만 남겨두고 전부 다 버려!"

라고 한다면 당신은 무엇을 남겨두겠는가.

한 교수님이 수업 시간에 이런 말을 했다.

인생에서 가장 중요한 두 가지는
'아침에 일어나서 일하러 가는 것이
즐겁고 기쁜가',
그리고 '저녁식사 시간에
함께한 사람을 마주 보며
행복함을 느끼는가'이다.

– 라이언 박, 하버드대학교 로스쿨 최우수 졸업생

What is your answer?

believe

나는 나를
얼마나
믿고 있을까

believe

음악의 거장 퀸시 존스에게 누군가 물었다.

"당신의 음악 인생에서
최고의 전성기는 언제였습니까?"

그가 답했다.

"Tomorrow."

Believe in yourself.

이것의 진짜 메시지는

문장 속에 있는 두 개의 단어에 있다.

Be you.

당신 자신이 돼라.

그 누구도 당신을 대신할 수 없다.

자신에 대해 잘 알게 될수록 주변 상황에 덜 흔들리게 된다.

What is your answer?

self-regard

자존심과 자존감,
제대로 구별하고
있습니까?

자존심↓

자존감↑

스스로自를 믿는信 마음感↑

우리는 남이 나를 어떻게 생각하는지에 대해선 관심이 지대한 반면, 정작 내가 나를 어떻게 생각하는지에 대해선 의외로 관심이 없다. 당신 안에 환상을 심어놓는 자존심이란 괴물이, 당신을 근본적·본질적으로 지탱해주는 자존감보다 더 중요한가.

자존심 운운하는 사람치고

자존감 높은 사람 본 적 없다.

오히려 그의 마음속 어딘가에

열등감이 도사리고 있을 가능성이 높다.

자존감이 있는 사람은

자존심이라는 단어를

입 밖으로 잘 내지 않는다.

그럴 필요가 없기 때문이다.

자존감과 자존심,

둘의 차이를 혼동하지 말자.

What is your answer?

me, *myself and I*

'100%의 나'로
살아가고 있나?

"나는 누구일까?"

자기계발서나 강연에서 답을 찾지 말자.
남이 들려주는 이야기는 참고서일 뿐,
교과서가 아니다.

우리가 쉽게 잊어버리는 진실.
지름길 찾기와 눈요기는 이제 적당히 하고
자기 자신 안으로 들어가자.
본질을 풀解 수 있는 답答은 거기에 있다.

자뻑 정신을 키워라.

자뻑 마인드를 일상화하라.

어차피 한 번 사는 인생, 뭐 그리 남의 눈치를 보는가.

자기 자신과 사랑에 빠지기에도 우리의 인생은 턱없이 짧다.

그러니 나 자신에게 빠져라.

나를 알라.

나답게, 100%의 나로 살아가라.

What is your answer?

solution

문제는 문제가 아니야,
바보야!

<u>인생을 윤택하게 만드는 초간단 레시피.</u>

'.'의 활용을 최소화하는 대신

'?'와 '!'의 활용을 최대화하기.

두뇌와 몸을 활성화해보자.

알고 보면

문제는 문제가 아니다.

진짜 문제는,

문제 자체에 대한 우리의 반응이다.

마침표에

의문(?)을
가지면

느낄수 있지!
또 다른길!
또 다른 방식!

What is your answer?

heart

모르고 있나,

외면하고 있나?

해답은 때때로 당신 가까이에 있다.

당신 자신만 눈을 감고 있을 뿐.

이성과 기억력을 때때로 꺼둘 것.

그것을 활용하는 것은 불가피하지만

거기에 의존하는 것은 거의 언제나 해롭다.

두뇌보다는 가슴에게 물어보라. 자주.

직선만이 정답은 아니다. 때로는 곡선이, 지그재그가,
심지어는 비틀어져 있는 것이 정답일 때도 있다.

그 진심 어린
고민 속에 녹아 있는 해답,
그 생각 그대로
실행해 나가면 됩니다.

What is your answer?

perspective

✕

내 시선은

어디를 향하고

있을까

중요한 건 콘텐트content가 아니라

콘텍스트context다.

당신이 아무리 많은 사실을

알고 있다 해도

그것은 맥락 속에서

바라볼 때만 의미가 있다.

우리는

행복해지려고 노력하기보다

남들이

우리를 행복하다고 믿게 만드는 데

더 관심이 많다.

- 라 로슈코프, 사상가

What is your answer?

observation

오늘,

나를 얼마나

들여다봤을까?

상대방과 이야기를 할 때 자신의 눈이

그 사람의 눈에 고정되어 있지 않은 것은

무언가 어색하거나 불편하기 때문이다.

하지만 실은 그보다도 스스로에 대한 자신감이,

나아가 믿음이 없기 때문이다.

자신의 눈부터 깊숙이 들여다보자.

때로는, 아니 어쩌면 자주

자신을 낯설게 보는 연습을 해야 하리라.

자신이 남이 아닌 바로 자기 자신에게

수상하면서도 낯선 사람으로 비치는 그 순간

새로운 배움이,

그간 보지 못한,

그래서 놓친 창의적 요소들이 부상하게 되리라.

What is your answer?

worry

가만,
이게 그만큼

걱정할 일인가?

지난달에는 무슨 걱정을 했나요?

지난해에는?

그것 봐요,

여러분은 기억조차 못하고 있잖아요!

그러니까 오늘 여러분이 걱정하고 있는 것도

그다지 걱정할 일이 아닐 거라고요.

잊어버립시다. 내일을 향해 사는 겁니다!

- 리 아이아코카, 前 크라이슬러 CEO

생각하는 것은 좋다.

생각하지 않는 것은 가끔 좋으면서도 가끔 안 좋다.

너무 많이 생각하는 것은 언제나 안 좋다.

What is your answer?

moderate

✕

빛나고 있나,
번쩍거리고 있나

光而不耀 광이불요

빛나되 번쩍거리지 마라.

누구나 빛나는 존재가 되어야 하지만,

너무 번쩍거리면 꼭 뒤탈이 따른다.

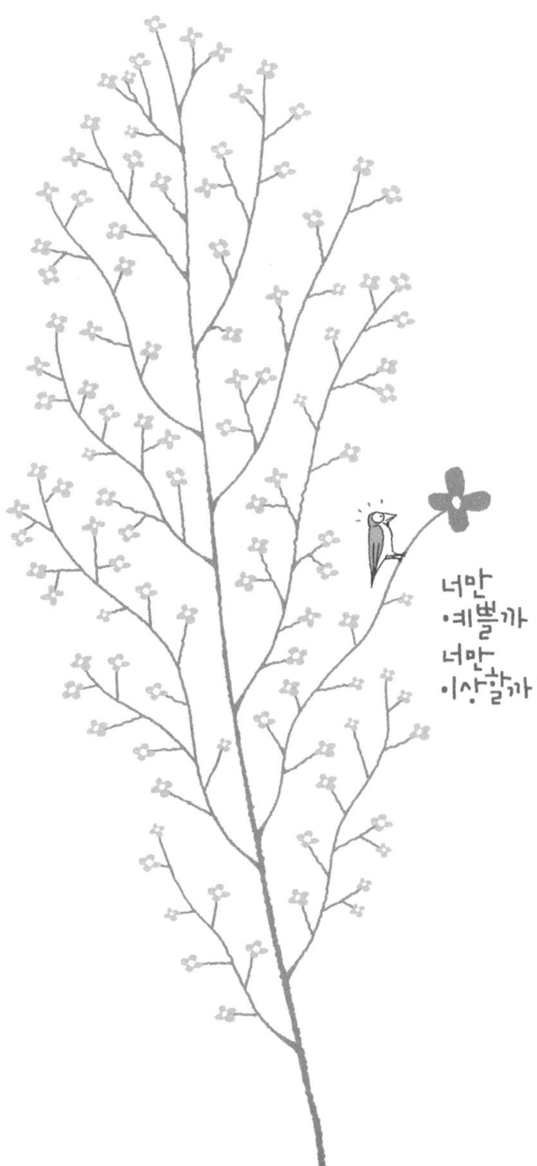
너만
예쁠까
너만
이상할까?

What is your answer?

life-savor

오늘이
내 인생의
마지막 날이라면?

오늘이 내 인생의

마지막 날이라면

내가 오늘 하려던 일을

과연 정말로 할까?

지금 현재의 나를 살 것.

날것 그대로의 나의 솔직한 감정과 생각에 올인할 것.

시간이 흐르면 그러고 싶어도

그럴 수 있는 가능성이 팍팍 떨어질 테니까.

What is your answer?

myself

당신의
'절친'은
누구입니까?

myself

1984년, 한 인터뷰에서 기자가

그룹 퀸의 보컬 프레디 머큐리에게 물었다.

"당신은 체계적인 사람인가?"

그의 대답.

"참으로 멍청한 질문이군.

때론 체계적이고 때론 비체계적이지.

하지만, 난 그저 나요 I'm just me."

당신의 '절친'은 누구인가. 가족? 친구? 애인? 친척?

아니다. 당신의 절친은 바로 당신 자신이다.

그렇기에 스스로를 이해하고 보듬고 사랑할 줄 알아야 한다.

자신을 모르는, 알고 싶어 하지도 않는 사람은 결코 남도 알 수

가 없는 법이다.

인생의 목적은

사랑 받는 사람이 되는 것이 아니라,

자기 자신이 되는 거란다.

너에게는 너만이 완성할 수 있는

삶의 목적이 있고,

그것은 네 사랑으로 채워야 할 것이지

누군가의 사랑으로

채워질 수 있는 것이 아니야.

- 무라카미 하루키, 작가

What is your answer?

02

목적지를 잃고

잠시 멈춰 있는

나에게

busy

대체 왜 이렇게
바쁘지?

"바빠, 바빠, 바빠."
한 번이라도 호흡을 가다듬고
깊이 생각해본 적이 있는가.

무엇 때문에 바쁜지.

왜 바쁜지.

정말 바쁠 수밖에 없는 건지.

바쁘다고 생각하는 건 아닌지.

바쁨은 선택의 대상.

우리는 그 선택을 제대로 내리고 있는 걸까.

일이 안 풀리고 짜증 범벅인 데다 만사가 귀찮고 집중력 상실에 남이 이걸 한꺼번에 다 해결해줬으면 하는 그런 상황은 생각 외로 자주 벌어지는, 아주 흔한 일이다. 그럴 때 그 꼬인 실타래를 풀 수 있는 방법은 하나뿐이다.

One by one, step by step.

What is your answer?

mindset

그 문,

얼마만큼

열어 놓았을까

당신이 한 장의 도화지라면,
블랙이 아닌 **화이트**를 지향하라.

모든 것에
마음의 문을 열어둘 것.

스타일은 옷이나 액세서리에서 나오는 게 아니다. 그것은 당
신의 삶에 대한 자세에서 나온다.

내 인생을 스스로 책임지기 위해

정해둔 규칙 같은 건 있어.

징징거리지 않기,

변명하지 않기,

핑계대지 않기,

원망하지 않기.

그 네 가지만 안 해도 성공한 삶이라고 생각하지.

– 김형경, 《꽃피는 고래》 중에서

What is your answer?

meaning

목표, 그러니까
구체적인
목표가 있나?

나치 수용소에서 끝까지 살아남은 사람들은

가장 건강한 사람도, 가장 영양 상태가 좋은 사람도,

가장 지능이 우수한 사람도 아니었습니다.

그들은 살아야 한다는

절실한 이유와

살아남아서 해야 할

구체적인 목표를 가진 사람들이었어요.

- 빅터 프랭클, 작가

하늘을
보지않는
이에겐
아무일도
일어나지
않는법

What is your answer?

long term

가늘고 길게

vs.

굵고 짧게

제 경험에 비춰봤을 때, 윤종신이 음악계에서 20년 동안 살아
남은 이유는 이것 같아요.
'목숨 걸지 마라, 세상에 목숨 걸 만한 일은 없다.'

음악을 사랑하고 열심히 만들지만, 저는 음악보다 가족을 더
사랑해요. 음악이 최고가 아니에요. 그래서 즐길 수 있었어요.
음악에 목숨까지 걸진 않지만 항상 '촉'은 열어둡니다. 힘을 빼
고도 모티브는 얻어요. 생활화되어 있는 안테나 같다고 할까
요? 안테나는 항상 켜고 있지만 절대 다 소진시키진 않습니다.

역작을 남기기 위해서 어떻게 해야 하느냐는 질문에는 좋은
답이 될 수 없겠지만, 어떻게 해야 오래 살아남을 수 있느냐는
질문에는 이렇게 대답할 수 있을 것 같네요.
'목숨 걸지 마라, 편안하게 흐름에 몸을 실어라.'

저는 그렇게 해왔던 것 같아요. 음악이나 방송 소재가 될 만한
건 계속 지켜보고 느낌을 기억하고 메모합니다. 그러나 저의
모든 것을 소진할 것 같은 작업은 하지 않습니다. 그랬기 때문
에 지금까지 계속 이렇게 활동할 수 있는 것 같네요.

– 〈디자인〉 2014년 2월호에 실린 윤종신의 인터뷰에서

무슨 일이든 간에,

그것이 설령

자신의 전부를 바칠 만큼의 비중을 차지한다 해도

목숨을 걸지는 말자.

목숨을 걸면 그만큼 시간을 투자한 것에 대한 기회비용,

그 기대감으로 머릿속이 꽉 차게 되는 법.

인생은 마라톤,

감정적 자유마저 불살라버리진 말자.

What is your answer?

way of life

×

죽기 전에

반드시

배워보고 싶은 것은?

배움에서 가장 어려운 것은

배워야 한다는 것을 배우는 것이다.

- 임마누엘 칸트, 철학자

오늘 만나고 싶은 사람은 오늘 만나야 한다. 어쩌면 내일은 오지 않을 수도 있으니까. 배우고 싶은 것이 있으면 늦었다고 생각하지 말고 배워보자. 결국 얼마나 오래 사느냐가 중요한 것이 아니라 어떻게 사느냐가 중요한 거니까.

모든 것을 한 입씩 물어뜯어보라.

자신에게 휘파람 부는 법을 가르쳐보라.

빗속을 나체로 달려보라.

흐르는 물 위에 가만히 누워보라.

아침에는 빵 대신 시를 먹어보라.

완벽주의자가 되려 하지 말고

경험주의자가 되어보라.

- 엘렌 코트, 시인

What is your answer?

ability

모든 분야에서

잘하려고 하고 있진

않은가?

이것도 잘하고 저것도 잘하는

슈퍼맨이 되려 하면 할수록

우리는 이것도 못하고 저것도 못하는

딜레마에 빠지게 될 것이다.

모든 분야에서 최고가 되려 하지 말자.

그럴 필요도, 그럴 가치도 없다.

그리고 불행하게도 그럴 수도 없다.

만능＝무능

사람들이 가수 정엽을 좋아하는 이유는
한 인터뷰에서 그가 〈나가수〉와 관련해
내뱉은 말 한마디 때문이다.

"솔직히 한 번도 긴장한 적이 없습니다."

문득 골퍼 노승열의 인터뷰가 떠오른다.

"한 번도 긴장한 적이 없다.
　드라이버를 못 치면 아이언을 잘 치면 된다."

What is your answer?

revenge

내가 생각하는

최고의 복수는?

상대방에게 할 수 있는 최고의 복수는

욕지거리도 패대기도 협박도

칼부림도 눈흘김도 아니다.

최고의 복수는 '무시無視'다.

분노의 본질은

상대방이 나의 존재를 알아주지 않는 데 있다.

진짜 '빡' 도는가?

그렇다면 상대를 무시하자.

그것도 철저히.

무시의
첫 단계는
관련원
모든
관심에서
멀어
지는것!

What is your answer?

modesty

×

나는
□□□할 때
정말 없어 보인다

자기 입으로 자기 자랑하지 마라.

할 때는 유쾌 상쾌 통쾌,

하고 나면 불쾌.

왜냐?

자신이 정말 없어 보인다는 걸

바로 느끼게 되니까.

자신을 너무 진지하게,

대단하게 생각하지 마라.

따지고 보면 우리는 모두 다 하루살이다.

'겸손하라'는 말,

이것은 남과의 관계에서 겸손하라는 뜻을 넘어

스스로와의 관계,

무엇보다도 삶과의 관계에서

겸손하라는 뜻을 포괄하는 것이리라.

당신은 잘난 사람이 되고 싶은가,

잘나 보이는 사람이 되고 싶은가.

What is your answer?

upgrade

도대체 언제까지
붙잡고
있을 텐가?

배우 최민식이 말했다.

"빨리 장경철 이미지를 지울 거다.
사람들이 빨리 잊어 먹게 DVD를 다 사버릴까 보다."

사람들은 성공하면 어떻게 해서든
그걸 두고두고 이용해보려 한다.
빨리 지우고 잊어버려야
업그레이드가 가능하다는 것을,
우리는 너무나 자주 잊어버린다.

성공은 위험한 것이다.

성공한 사람은 스스로의 성공 비결을

모방하기 시작한다.

자기 모방은 다른 사람을 모방하는 것보다

더 위험하다.

자기 모방은 자기 고갈의 결과를 낳으므로.

- 파블로 피카소, 화가

때로는 나를 놓을 줄도 알아야 한다.

What is your answer?

dream

나의 꿈은
계속해서
성장하고
있을까?

꿈은 갖는 것이 아니라 조금씩 키워가는 것이다.

꿈을 나누고 분할해 키워나가야

그 거대함에 쉽게 짓눌리지도,

그 거리감에 일찍 포기하지도 않게 된다.

꿈에 안착한 사람들은 분명

그것을 끊임없이 소소하게,

단계적으로 업데이트해온 사람들이리라.

사람들은 꿈이 없는 게 아니다. 다들 꿈은 있지만 잊은 척하고
있을 뿐. 그래야 삶에 균열이 생기지 않으니까.
그런데 문제는 계속 잊은 척하고 있으면, 서서히 진짜로 잊어
버리게 된다는 것. 항상 그렇지만 결국 '척'이 문제다.

어제와 똑같이 살면서

다른 미래를 기대하는 것은

정신병 초기 증세다.

– 알베르트 아인슈타인, 물리학자

동기는 남이 부여해주는 게 아니라, 자신이 스스로 부여하는 것.
전자라고 생각하는 한, 다람쥐 신세는 영원히 나의 것.

What is your answer?

effort

불평할 만큼
해보기는 했나?

애드립은 순간적인 재치,

혹은 비상한 두뇌에서 나오는 것이 아니다.

그것은 오히려 무한한 준비와

지긋지긋한 연습에서 나오는 것이다.

치열함이 겸손함을 만든다.

You

can't do it

without

doing it.

What is your answer?

competition

□□에게

지지 않는 법

때로 우리는 상상을 하곤 합니다.

지금의 나보다

훨씬 더 멋진 사람이 되는 모습을 말입니다.

하지만 인생의 반전 같은 건

그리 쉽게 찾아오지 않을지도 모릅니다.

경쟁에서 낙오해 좌절하고 주저앉은 이들이

적어도 자기 자신은 버리지 않도록,

우리 사회가 '남에게 이기는 법'이 아니라

'스스로에게 지지 않는 법'을

가르쳐줄 수 있으면 좋겠습니다.

– 〈그것이 알고 싶다〉 935회 '48인의 도플갱어'에서

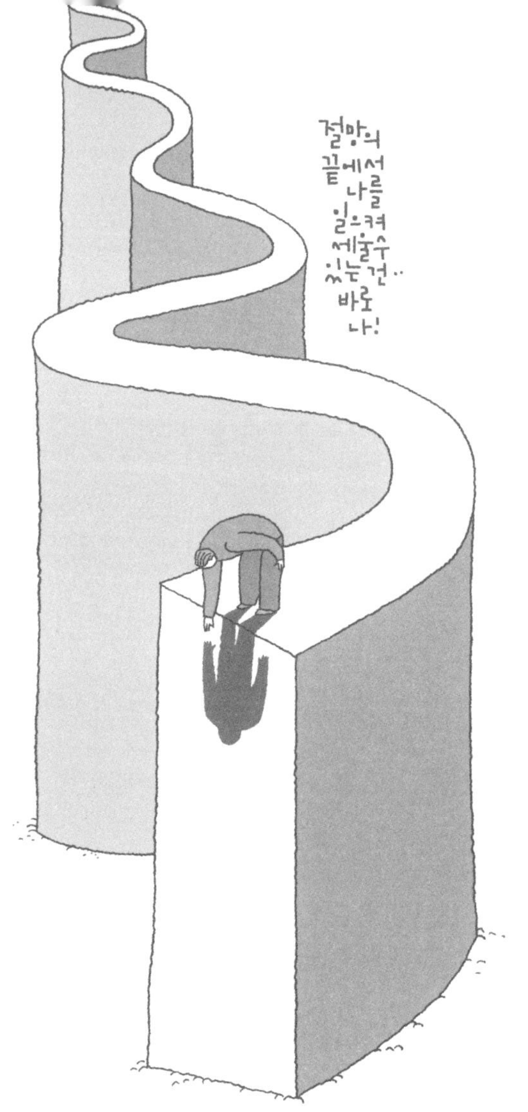

절망의
끝에서
나를
일으켜
세울수
있는건..
바로
나!

What is your answer?

genuine

영리한 것은
언제나 좋은가?

"저는 앞으로 정직한 바보가 되겠습니다."

1990년 5월, 한국콜마를 창업하던 날

개업식에서 윤동한 회장이

당시 모인 사람들에게 했던 선언.

이탈리아 패션 브랜드 디젤의 "바보가 되어라Be stupid"
캠페인을 기획한 디렉터의 '바보에 대한 정의'

바보는 모든 원초적이고 꾸밈없는 사람들을 일컫는 매우 정확
한 단어이다. 그는 위험을 감수할 용기가 있고, 아무리 위험해
도 새롭고 창의적인 것을 받아들이는 존재다.

놀이에 빠진 어린아이의

진지함을 터득할 때

비로소 우리는

우리 자신에 가장 근접할 수 있다.

- 헤라클레이토스, 철학자

What is your answer?

experience

×

나에게
‘경험’이란 무엇인가

성장과 진화를 위해서는

반드시 깨지는 과정이 동반되어야 한다.

실수로부터 배워라. 어려운가?

좋다. 절대 실수를 하지 마라.

어느 쪽이 더 어렵게 느껴지는가.

실패가 없다는 것,

그것은 결국 경험이 없다는 뜻이다.

평소에 삽질을 많이 해둘 것. 언젠가 전쟁이 터지면 알게 되리
라. 당신만큼 안전한 곳을 갖고 있는 사람이 그리 많지 않다는
것을.

경험이란

당신이 원하는 바를

얻지 못했을 때 얻는 것.

– 랜디 포시, 《마지막 강의》에서

실패하더라도 적어도 그 과정에서 자신이 뭘 배우고 깨달았는지,

또 뭘 간과하고 놓쳤는지는 얻을 수 있을 테니

결코 밑지는 장사는 아닐 것이다.

더 중요한 것은,

절대로 후회가 남지 않는다는 것.

What is your answer?

03

단조로운 일상에

영감이 필요한

나에게

work

×

a ☐ ☐ ☐

vs.

the ☐ ☐ ☐

당신은 일을 좋아해서 즐거워하는가.

아니면 일을 좋아하는지 안 좋아하는지
정확히 모른 채 그냥 즐거워하는가.

그것도 아니라면 마지못해,
별다른 선택의 여지가 없어
일을 좋아하거나 즐거워하는 척을 하는가.

당신에게 일이란 무엇인가.

a □□□ vs. the □□□

직장, 그리고 직업이야말로

당신의 이름 앞에

정관사 'the'를 붙일 수 있는

최적의 훈련소다.

당신은 어떤 눈으로 일을 바라보는가.
그것은 망원경의 눈인가,
아니면 현미경의 눈인가.

What is your answer?

basic

당신의 기본기,

탄탄합니까?

최고의 선수일수록

화려한 개인기를 구사한다.

그런데 그 개인기를 가능케 하는 것은

바로 탄탄한 기본기다.

기술은 값싼 속임수다.

기교를 부리지 말라.

반찬보다 밥에 더 신경 쓸 것.

사람을 쓰러뜨리는 건

산이 아니라

하찮아 보이는 작은 돌부리더라.

내용을 완벽하게 꿰뚫고 있는 사람만이 내용의 핵심을 반영한 메시지를 던질 수 있는 것 아닐까. 단순함이라는 속성을 쉽게 얻을 수 없다면, 그것은 우리가 내용을 정확하게 이해하지 못하고 있다고 보는 게 맞다. 무엇이든 확실하고 뚜렷하게 인지해야 다음 단계로 넘어갈 수 있는 법이다. 지지거나 볶는 것도 그때부터 가능하다.

What is your answer?

insight

✕

무엇을, 어떻게
소화시키고 있지?

통찰력은 책 몇 줄 읽는다고,

교육 몇 번 받는다고 증진되는 성질의 것이 아니다.

평소에 자신이

무엇을 집어먹었느냐에 따라,

그리고 그 삼킨 것들을

어떤 식으로 소화했느냐에 따라

그것이 통찰력이라는 영양분으로

거듭날지가 판가름 난다.

혜안은
하루아침에
생기지
않지!
근육의
힘처럼
차곡차곡
쌓여
멀리보게
해주지

What is your answer?

detail

×

이 아이디어는
누가 봐도
구체적인가?

자신 있는 사람만이
심플해질 수 있습니다.

아이디어는 그 자체로 아무것도 아니다. 세상 모든 사람들이 아이디어를 갖고 있다. 당신이 자신의 아이디어를 설명할 수 없다면 그것은 아무것도 아니다. 숫자, 단어, 문장, 그것이 무엇이든 간에 아이디어는 최대한 구체적으로 표현될 수 있어야 한다.

논리의 취약점을 문장의 나열로 커버하려 하지 말라.
이 과정에서 결국 논리만 감춰지거나 희생된다.

자신이 가진 아이디어의 개념이 훌륭하다면

굳이 리서치를 할 필요가 없어요.

아이디어에 자신감을 가져야 합니다.

나는 CNN과 관련된 리서치를 한 적이

단 한 번도 없습니다.

다만 나 스스로의 마케팅을 분석했을 뿐이죠.

- 테드 터너, CNN 설립자

What is your answer?

read

지금 이 책을
왜 읽고 있지?

읽고 싶은 걸 읽으세요.

베스트셀러나 필독서가 아니라

자신의 마음이 동하는 책을 읽으세요.

독서는 남이 아닌 자신을 위한 거예요.

당신이 지금 읽고 있는 책이 왜 좋은지, 스스로 그것을 왜 읽고
싶어 하는지 모른다면 당장 책을 덮자. 궁금증, 곧 의문을 갖는
것이 중요하다. 아니, 어쩌면 그것이 독서라는 행위의 전부인
지도 모른다.

책은 이것저것 많이 골라서 읽는데

뭔가 계속 아쉽고 공허하고

2% 부족한 듯한 느낌을 받는다면,

당신은 책의 내용이나 그것을 읽으면서 갖게 되는

자기만의 생각보다 활자의 양에

더 관심이 많은 사람일 가능성이 높다.

'왜 읽는가'를 재검토해볼 것.

What is your answer?

distinguish

모르는 것과 아는 것,

제대로

분간하고 있을까

당신은 제대로 알고 있는가,

아니면 아는 척을 하고 있는가.

모르면 입을 닫고 눈·귀·코·발·손의 움직임에

온 신경을 기울여보라.

머릿속에 저장된 앎은 '앎'이 아니다.

머리 굴리지 말고 움직이고 느껴라.

경험하지 말고 체험하라.

환상 속에서 헤엄치지 마라.

모르는 것을 알려고 하는 것은 중요하다.

하지만 더 중요한 것은

모르는 것과 아는 것을

분간할 줄 아는 것이다.

지 자 불 언　　언 자 불 지
知者不言, 言者不知.
진정 아는 사람은 말이 없는 법이다.

- 노자, 《도덕경》에서

What is your answer?

harmony

테트리스를
즐길 준비가 되어 있나?

직장생활은 테트리스다.

언제든 끼워 맞추고,

또 끼워 맞춰줄 준비와 자세가 되어 있어야 한다.

인간적인, 또 업무적인 측면에서

당신은 하나의 블록이다.

다른 블록들과 어떻게 조화를 이루어나가겠는가.

<u>불같은 사람을 대하는 방법</u>

불같은 사람을 불로 끄려 하지 말 것.

화재가 진압되기는커녕

불길만 여기저기 더 치솟을 뿐이다.

설사 진압이 된다 해도

재가 되는 건 그가 아니라 당신 자신이다.

몸 상해 마음 상해

이래저래 백해무익이니 그냥 불구경만 하길.

그것도 강 건너 저 멀리서.

What is your answer?

vision

×

아무나
할 수 있는 일이라 싫다고?

"내가 뭘 할 수 있는지 보여 드릴까요"보다는
"내가 어떻게 하면 도움이 될 수 있을까요"에
좀 더 관심을 기울여보자.

사실 장기적으로 봐도 전자가 후자보다
훨씬 더 하기 어렵다는 것을 알 수 있다.

아무나 할 수 있는 일을,
아무나 할 수 없는 수준으로 해내면 된다.

50년대 인기직업은 타이피스트 60년대는 버스안내양 70년대는 가발기술자
그럼 지금은?
언제나 중요한 건 WHAT이 아니라 HOW!!

What is your answer?

a good writer

글을
잘 쓰고 싶을 때
필요한 것은?

문장을 어떻게 뽀대나게 구성할까 고민할 시간에
문장 속에 득시글대는 잡다한 수식어와
군더더기를 쳐내는 데 집중해보자.

진정한 글쟁이는 글을 잘 쓰는 사람이 아니라
글을 잘 쳐내는 사람이다.

지우는 데 용감해지자.

문장이 단순하면 단순할수록
논리는 더 간결하고 명확하게 드러날 수 있다.

적은 것이, 실은 꽉 찬 것이다.

'좋은 작가'란

많이 팔리는 책을 쓰는 사람이 아니라

글을 통해

자신을 만나보고 싶게 만드는 사람을 말한다.

'글발'이 아니라 '사람',

바로 그 사람에게서 나는 향기가 결국 관건이라는 말.

그래서 '좋은 작가'에 앞서

'좋은 사람'이 되어야 하는지도.

What is your answer?

moment

나만의
'그때'는
언제입니까

양파가 되자.

껍질을 벗겨냈을 때 매운 맛이 나야 한다.

진가眞價라는 건 '미리'나 '나중에'가 아니라

딱 그 순간이 왔을 때 드러나야 한다.

불탈기시 不奪其時

그 '때'를 빼앗지 말라.

그 '때'는 반드시 찾아온다, 기다릴 자세만 되어 있다면.

그 '때'를 억지로 앞당기려 하지 말라.

지금은 이것저것 부딪치면서

깨지고 박살나야 할 때다.

기회는 오직 지금뿐이다.

나중에 가서는 그러고 싶어도 그러지 못하리라.

그때는 사람들의 기대치가 이미 높아져 있을 테니까.

자신에게 주어진 이 특권,

포기하지도 남용하지도 말라.

What is your answer?

en joy

'진심으로'
즐기고 있습니까?

“나는 즐겁게 살았다.”

삼성의 창립자 이병철 회장이

죽기 직전에 남겼던 말이다.

우리가 친구와 헤어질 때

“즐겁게 놀았다”,

프로젝트를 끝냈을 때

“즐겁게 일했다”라고 말하는 식으로

“나는 즐겁게 □□□”를 쌓아간다면,

그것 자체로 이미 성공한 삶이 아닐까.

Q. 콜렉션 영감을 얻기 위해 특별히 하는 일이 있다면?

A. 가만히 있고, 함께 있고, 이야기를 나누고,

서로를 반영하고, 고요하게 있고,

내면을 깊숙이 들여다봅니다.

Q. 궁극적인 목표는?

A. 행복하게 사는 거죠.

– 빅토르 & 롤프, 디자이너

What is your answer?

inherent

아이디어,
어디서 얻을까

새로운 미래가 아니라

새로운 고전The New Classic의 시대다.

창의성을 '새로운 아이디어를 내는 능력'으로 정의하는 것, 이
제 그만하자.
'창의성은 무無에서 유有를 생산하는 것', 물론 틀린 말은 아니
다. 허나 본질적으로는 '창의성은 유有에서 유有를 끌어내는
것'이라고 하는 것이 더 맞는 말이다.
기존엔 없던 것을 '띠옹!' 하고 터뜨리는 것을 창의성이라고 정
의한다면 누구든 "난 창의성이 없구나" 하면서 창의성이 배워
야 하는 것, 얻기 힘든 것이라고 지레짐작할 것이다.
하지만 정도의 차이만 있을 뿐 창의성은 누구나 갖고 있다.
진정한 새로움은 사실 '있는 것' 안에 다 주어져 있다.

"All you need is love."

'Ask 질문하다'도 물론 맞는 말이지만,

ask를 하기 위해서는

반드시 'love 관심, 애정을 갖다'가

선행되어야 한다.

사랑하면 알게 되고 알게 되면 보이나니,

그때 보이는 것은 전과 같지 않으리라.

- 유홍준, 《나의 문화유산답사기》에서

What is your answer?

perfectionism

무엇을 위한
완벽인가

나는 완벽주의자다.

내가 원체 잘나서 완벽을 추구하는 거라면 좋으련만,

잘나지 못했기에 항상 완벽을 기하려 한다.

이런 내가 좋으면서도 싫다.

사실 바꾸고 싶지만 바뀌어지지도 않는다.

그래서 스스로에게 한 가지를 꼭 물어본다.

나는 완벽을 위한 완벽을 기하진 않는가?

방바닥에
먼지가
한개라도
있으면
참을수가
없어?

당신은 지금
청소중입니까
먼지탐색
중입니까?

What is your answer?

do it yourself

주연과 조연,
나는 어느 쪽인가

대부분의 사람들이 벤치마킹을

머리로는 참고하지만 몸으로는 베낀다.

벤치마킹은 일을 진행하면서 하는 활동이지,

일을 진행하기 전에 하는 활동이 아니다.

배가 정말로 고픈 사람들은 직접 만들어 먹고,

배가 별로 고프지 않은 사람들은 시켜 먹는다.

세상의 무엇 하나도

절대 쉽게 얻어지는 법이 없다.

만약 있다면

그것은 100% 사기 혹은 운이다.

공짜 점심을 바라지 말 것.

What is your answer?

focus

지금 나에게
가장 중요한
일은?

현재에 집중하는 것보다
더 중요한 일은 없다.
사소한 것에 관심을 가져보자.
쪼잔한 사람이, 쫌팽이가 되라는 것이 아니다.

눈에 잘 보이지 않는,
무가치하게 여겨온 것에
눈길을 돌려보라는 것.

보이지 않는 것을 보기 위해
노력하는 것도 물론 중요하지만
보이는 것을 정말 제대로 보기 위해 노력하는 것이
우리의 삶에서 훨씬 더 중요한지도 모른다.

See the Unseen < *See the Seen*

외형적인 데 말고

나의 내면을 업그레이드하는 데 돈을 썼으면 좋겠다.

진짜는 귀하다. 흔하지 않다.

내가 나를 귀하게 만들어야겠다는 자존심이 있어야 한다.

나는 예술가다. 나는 배우다.

남이 날 알아주기 전에 내가 날 그렇게 만들어야 한다.

개차반처럼 놀다가도 촬영 들어가면

나를 차갑게 통제할 수 있는 의식이 있어야 한다.

부화뇌동하지 말고 처절하게 외로워봐라.

우리말이 아니라 좀 그렇긴 한데 '곤조'라는 말이 있지 않나.

진짜 내 자신을 냉정하게 다그치고

통제할 필요가 있을 때 그런 기질이 나와야 한다.

하려면 제대로 하고 안 할 거면

다른 사람 피해주지 말고 일찌감치 때려치워라.

– 배우 최민식, 〈씨네21〉 인터뷰에서

What is your answer?

04

누군가와 한 뼘 더

가까워지고 싶은

나에게

caring

×

오늘 하루
몇 명의 눈을
들여다보았지?

당신은 사람의 눈을 쳐다보면서 말하는가.

뚫어지게 쳐다보냐는 말이 아니다.
그저 상대의 눈을 '바라보냐'는 말이다.

만약 대답이 '아니오'라면
시간 내서 자신의 인간관계를 돌이켜보자.

눈을 쳐다보지 않는다는 말에는
여러 가지 의미가 담겨 있다.

누구를 만나든 그것이 친구든 애인이든 선후배든 심지어는 전
혀 모르는 사람이든, 만나서 가장 처음으로 해야 할 일은 그의
눈을 쳐다보면서 그의 오늘 하루에 대해 묻는 것이다.

우리는 삭막한 현실을 무서워하는 것이 아니라
주변인들의 무관심을 무서워하는 것이리라.

밖을 내다볼 수 있는 창문이 없는 것을
두려워하는 것이 아니라
창문 넘어 느낄 수 있는 타인의 숨결,

그로부터 따뜻한 눈빛을 받을 수 없다는 것을
진정 두려워하는 것이리라.

What is your answer?

attitude

×

당신은
같이 일하고 싶은
사람입니까?

“저 사람하고 계속 같이 일해야 하나?”라고
생각할 시간에

“저 사람은 나하고 계속 같이 일하고 싶을까?”
라고 한 번쯤 생각해보자.

어쩌면 상대방과의 협업 관계에서
우리가 그에게 해줘야 할 말은
"감사합니다"밖에 없는지도 모르겠다.

내가 실수하거나 잘못하면
그에게 도움을 요청할 일이 생기니 고마워해야 하고,
그가 실수하거나 잘못하면
내게 하나의 교훈을 주니 그에게 고마워해야 한다.
물론 내가 일을 잘하면
그와의 팀워크 덕분이니 그에게 고마워해야 하고,
그가 일을 잘하면
나와의 협업 관계라는 토대 위에서 벌어진 일이니
나까지 기분이 좋아져 그에게 고마워해야 한다.

이리 보나 저리 보나 감사할 일 뿐이다.
고로 감사하고 또 감사하라.

감사합니다.

미안합니다.

잘 부탁드립니다.

신입사원들이 무슨 일이 있어도

갖춰야 할 세 가지 무기.

아니, 직장인이라면

누구나 갖춰야 할 세 가지 무기.

아니, 실은 세상 사람 누구나 갖춰야 할 세 가지 무기.

기호嗜好는

돈으로 해결할 수 있지만,

태도는

절대로 돈으로 해결할 수 없다.

What is your answer?

sympathy

누군가를

100%

이해한다는 것

아픔을 가급적 많이 겪어봐야 한다.

깨지고 박살나고 차이고 아작나는 등

눈물을 흘리는 횟수가 늘어날수록

공감을 할 수 있는 능력도 그만큼 늘어난다.

그 사람의 입장이 아닌 한 가급적 이해한다는 말을 쉽게 내뱉
지 말자. 그의 곁을 지켜주면서 그의 말을 진지하게 들어주는
것으로 충분하다.

누군가를
이해한다는
것은
그 마음을
내속에
꽉- 채우는 것
그래야
눈물도 흘릴수
있는것

What is your answer?

relationship

나에게는

어떤 친구가 있을까?

당신에겐
‘소지섭’ 같은 친구가 있습니까?

(링크를 입력해 검색해보세요. http://bit.ly/9e9pb7)

상대를

좋은 사람이라고 생각하고

그렇게 믿어라.

그러면 그 사람은

반드시 좋은 사람이 된다.

– 클로드 브리스톨, 《신념의 마력》에서

첫째도 인간성, 둘째도 인간성, 셋째도 인간성이다.
인간이 돼라.
첫째도 인간, 둘째도 인간, 셋째도 인간이다.
인간관계가 전부다.

What is your answer?

humility

나는
언제나 옳은가?

내가 틀렸어.

내가 잘못했어.

당신은 이 말을 하루에 몇 번이나 할 수 있는가.

스스로가 실제로 하루에 몇 번을 내뱉는지

마음속에 혹은 노트에 기록해보라.

당신은 언제나 옳은가.

아니, 언제나 옳을 수 있는가.

남은 쉽고 빠르게 인정하고,

자신은 어렵고 느리게 인정하자.

다시 말해 남에게는 너그럽고

자신에게는 엄격하라는 것.

그는 똥고집의 소유자다.
특히 그가 잘못을 했을 때,
상대방이 그를 설득하지 못하는 한 거의 인정을 안 한다.
인정을 하지 않으니 사과는 당연히 없다.

자신의 똥고집을 차단하기 위해
요즘엔 속으로 이렇게 되뇐다고 한다.

'저 사람이 내일 영원히 사라진다면?'

똥고집을 부리는 것과
상대방이 내일 영원히 사라지는 것,
둘을 비교했을 때 무엇이 더 비중 있게 다가오느냐에 따라
우리의 삶은 달라진다.

나는 목숨을 걸 만한 것에 진짜로 목숨을 걸고 있는가.
나중에 돌아보지 말고 지금 돌아볼 일이다.

What is your answer?

connection

×

내가 지금
그를 봐야 하는 이유?

"우리 언제 한번 보자"라는 말은

사실 "우리 보지 말자"라는 말과 같습니다.

진짜로 그를 볼 생각이 있다면,

언제 한번 보자고 하는 대신

제대로 약속 날짜를 잡겠지요.

그러니 언제 한번 보려 하지 말고

생각났을 때 지금,

확실하게 약속을 잡아보세요.

그리고 상대의 반응을 지켜보세요.

그 반응이 어떠냐에 따라

자신이 진짜 봐야 할 사람인지

아닌지가 갈립니다.

컴퓨터보다는 사람

·

이메일보다는 대화

·

읽기보다는 보기

What is your answer?

balance

✕

나에게 '관계'란

무엇인가

관계는 '하는' 것이 아니다.

1회성 이벤트가 아니기 때문이다.

그래서 관계는 반드시 '쌓아야'만 한다.

혹시 당신의 관계도

앱app이 되어가는 것은 아닌가?

스마트폰의 시대,

스마트한 것만이 전부가 아닐지도 모른다.

얼마나 많은 '사람'들을 알고 있는가. 그리고 사람들에게 얼마나 많은 '관심'을 갖는가. 당신은 지금 이 둘 중에서 어느 쪽에 더 비중을 두고 있는가? 만약 전자라면 인맥의 의미를 다시 살펴볼 필요가 있다.

관계에도 균형이 중요해요.

지금의 인터뷰도 그래요.

저에게도 기자에게도

좋은 인터뷰가 되길 바라죠.

제가 생각하는 균형이란 이런 겁니다.

- 폴 스미스, 디자이너

당신은 그동안 어떤 자세로 사람들과의 만남에 임해왔는가.

What is your answer?

friendship

나는
어떤 친구일까?

어디서든
넌 존재만으로도 충분해.

당신에게는 이렇게 말해주는 친구가 있는가.
아니, 당신 자신은 이렇게 말할 수 있는 친구인가.
관계에 관한 한 작은 것이 큰 것이다.

사랑은
눈이 머는
것이라면
우정은
눈을 감는것
-
눈이 없어도
할수있지만
가슴없이는
할수없는것

What is your answer?

back to basics

생활 속의 인문학,

제대로

실천하고 있나?

길을 가다 앞에 사람이 오면
좌든 우든 약간만 방향을 틀어 양보합시다.

길을 걸을 때는
잡아먹을 것처럼 휴대폰에 얼굴 박고 걷지 좀 맙시다.
앞에 사람이 오든 말든 관심 없는 사람들 천지.
알아서 비키라는 거요, 뭐요?

길을 걸으면서 담배 뻑뻑 태우지 좀 맙시다.
당신과 아무 관계 없는 사람한테
억울하게 폐 끼치지 말고.

버스 안에서 이빨에 낀 거 빼내기 위해
찍찍 소리 내는 거, 좀 하지 맙시다.
정말 더럽기 짝이 없게 불결하오.
집에서도 그래요? 다들 아무 말 안 합니까?

길 위에서 혹은 길을 걸으면서
남을 빤히 쳐다보지 맙시다.
길을 가다 부딪치면 어이없어 하는 표정 좀 짓지 말고
"실례합니다" "죄송합니다" 한 번만 내뱉읍시다.
그 말 한 번 한다고 혀 부러지지 않소.

인문학이, 교양이 별 건가?

인문학 강의 같은 거 수강할 시간에
각자 '생활 속의 인문학'부터 실천합시다.

What is your answer?

love

우리가

정말로

사랑하는

사람은?

당신이 누군가를 사랑하게 됐다고 치자.

당신은 '난 사랑에 빠졌어. 그를 하늘만큼 땅만큼 사랑해'

라고 할 것이다.

그런데 그것이 정말 사실일까?

당신은 정말로 그를 사랑하는 걸까?

그렇게 믿고 싶은 마음은 이해하고도 남지만

그것은 사실이 아니다.

인정하고 싶지 않겠지만 진짜 '사실'은 이렇다.

당신은 그를 사랑하는 것이 아니다.

우리가 정말로 사랑하는 대상은,

사랑한다고 생각하는 그를 사랑하고 있는 우리 자신이다.

그에게 사랑을 느끼고 있는 게 아니라

사랑을 느끼고 있는 '내 자신'을 사랑하고 있다는 것.

사랑은 없다.

다만 사랑하는 내가 있을 뿐이다.

라고 썼다가

사랑은 있다.

사랑하는 내가 있기 때문이다.

라고 고쳐 쓴다.

– 김정란, 〈사랑은 있다〉

What is your answer?

intention

도대체 이 사람,
나한테 왜 이래?

의도를 파악하면
본질이 보인다.

의도를 파악해볼 것.

적에 대해 알고 싶다면,

스스로가 자신의 적이 되어봐야 한다.

남을 바꾸려고 노력하지 말자.

그것은 애당초 불가능한 일이다.
스스로를 바꾸는 게 얼마나 어려운지
이미 잘 알고 있지 않은가.

똑같은 논리다.

What is your answer?

affection

사랑이
필요한 걸까,
사람이
필요한 걸까?

당신은 남자나 여자가 필요한 것인가,
아니면 사랑을 하고 싶은 것인가.

누구나 그 답을 알고 있음에도
대부분 자주 잊어버리는 진실.

외롭다고 이성을 찾아다니며
연애에 목숨 거는 행동에
이제 깔끔한 작별을 고하라.

① 나와 다른 사람에게 시간 낭비하지 말자.
② 나와 비슷한 사람에게 시간 낭비하지 말자.
①과 ②, 둘 사이의 균형점을 찾아보자.

세상에는 두 종류의 사람이 있다.

"당신이 여기 있네"라고 말하는 사람과

"나 왔어"라고 말하는 사람.

– 아비가일 반 뷰렌, 칼럼니스트

What is your answer?

a good partner

찾기 vs. 되기

벗꽃이 흐드러지게 날리는 봄,
짝이 없어 몸이 근질거려 죽기 직전인 자들에게.

짝을 찾으려 하지 말라.
사랑은 짝을 찾는 것이 아니라
좋은 짝이 되어주는 것이므로.

상대방을 사랑하고 싶다면 우선 자기 자신부터 사랑할 줄 알자. 그것도 아주 섹시하고 열정적이면서도, 부드럽고 감미롭게. 자신을 보듬을 줄 아는 것. 그것이 상대방과 사랑을 나누기 위한 첫 번째 조건이다.

좋은 사람을
찾아
다니셨다면
이제
좋은 사람이
되어보시길

그가 그대를
찾아올테니

What is your answer?

sincerity

×

그분께

건네고 싶은

나만의

한마디

정작 사람이 강해지는 건,
자존심을 부릴 때가 아닌
자존심마저 던져버렸을 때다.

신이 모든 곳에 있을 수 없어
엄마를 만들었다고 한다.
엄마의 나이가 되어서도
엄마는 여전히 나의 수호신이며,
여전히 엄마는 부르는 것만으로도
가슴 에이는 이름이다.

가까스로 엄마를 위로할 나이가 되었을 땐
이미 "고맙습니다" "사랑합니다"라는 말을
입에 올리기엔 지나치게 철이 들어버린 뒤다.
지금 엄마를 기쁘게 하고 싶다면
그저 "나 지금 엄마가 필요해요"
그 한마디면 충분하다.

– 〈응답하라 1988〉 5화에서

사랑한다는 것,

그것은 기본에 충실하다는 것이다.

진심은 원래 단순하고 소박한 법.

어떤 식의 이벤트가 좋을까 그만 궁리하고,

그 시간에 그의 어깨 한번 더 두드려주면서

당신의 어깨를 빌려줘보라.

사랑은 밥이지 반찬이 아니다.

What is your answer?

05

한 걸음 한 걸음,

일상의 변화를 꿈꾸는

나에게

improvement

최근 한 달 동안
새롭게
시도해본 것이 있다면?

당신이 얼마나 잘하는지가
관건이 아니다.
당신이 얼마나 잘하고 싶은지가
진짜 관건이다.

자신이 부족하다는 사실을 인식하거나 인지하는 걸 넘어 마음
으로 '느낄' 때 변화는 시작되지요. 그러니 변화에 대한 감정적
동요가 전혀 없다면, 단순히 변화해야 한다는 사실만 갖고 무
작정 자기계발서를 파고들지는 마세요. 인위적인 의무감이 착
각의 쳇바퀴를 끊임없이 돌리는 법이니까요.

경험EXPerience은 언젠가는

그 기한이 만료EXPire된다.

즉, 유통기한이 있다는 것.

고로 진정한 전문가EXPert로

거듭나기 위해서는

과거의 경험들을

실험EXPeriment해나가면서

업데이트할 수 있어야 한다.

What is your answer?

step by step

×

언젠가는
크게 한 방?

혁신은 지식이 아니다.

혁신을 이루기 위해서는

혁신을 머리로 아는 것만으로는 부족하다.

자신의 현재를 인정하고

그것을 토대로 스스로를 해체하는 과정 속에

혁신의 본질이 있다.

적지 않은 사람들이 '크게 하거나 관두거나'라는 마인드를 품
고 살아간다. All or nothing, 모 아니면 도. 그야말로 한 방을
노리는 로또 심리다. 작게 시작해 꾸준히, 계속 해나가자. 그것
이 결국 진정한 All, 모, 한 방이니까 말이다.

인생이란

당신이 숨쉬어온

그 모든 날들이 아니라

당신의 숨이 멎을 것 같았던

바로 그 순간들의 합이다.

– 영화 〈Mr. 히치〉에서

What is your answer?

question

충분히,
마음껏
질문하고 있는 걸까

물어봄으로써 뭔가를 얻을 수 있다.

잃을 게 없다면 반드시 물어보라.

- 윌리엄 클레멘트 스톤, 작가

잃을 게 있어도, 아니 설사 왕창 잃는다 해도 묻자.

묻고 또 묻고, 다시 또 묻자.

이것은 삶의 방식이 아니라 엄연한 삶의 정도다.

질문을 하면
생각이 바뀌고
생각이 바뀌면
행동이 바뀌고
행동이 바뀌면
인생이
바뀌는 법

What is your answer?

relax

내 인생,

양념이 너무 많은 건

아닐까?

시시해지고 싱거워지자.

드라마틱한 것,
맵고 짠 것은 순간이지만
그 양념을 조금만 덜어내면
인생이 무척 유연해지고 즐거워진다.

웃음보다 가치 있는 것은 없다.

웃음을 터뜨리는 것.

자기를 내던지고 가벼워지는 것.

이것이 힘이다.

비극처럼 우스꽝스러운 것도 없으니.

- 프리다 칼로, 화가

너무 열심히 일하지 말라. 너무 열심히 생각하지 말라.

우리는 돌아볼 수 있는 시간이, 자기만의 시간이 필요하다.

What is your answer?

calm

나,
너무
들떠 있나?

열정은 중요하다.

하지만 그것보다 더 중요한 건,

냉정과 열정 사이의 균형을 지키는 것.

어떤 일이 있어도

들뜨거나 흥분하지 말자.

당신이 힘들게 쌓아 올린 것들이

하루아침에 다 허물어질 수도 있다.

지금 나에게 필요한 곡은

존 케이지의 〈4분 33초〉.

주변의 모든 것에 귀를 기울일 것.

* 4분 33초

  아방가르드 작곡가 존 케이지가 작곡한 피아노를 위한 작품
  으로, 연주 시간 동안 아무 연주도 하지 않는 곡.

What is your answer?

hastiness

지레짐작한 것은

아니었을까?

말을 조심할 것.

단 1%의 오해라도 생길 것 같다면
상대방이 갖고 있는 생각과 속마음을
그 자리에서 확실하게 알고 넘어갈 것.
지레짐작하지 말 것.

추측 혹은 어림짐작이
모든 악의 어머니다.

당신이 매일매일 구사하는 문장에서

빼도 좋은 수식어 몇 가지.

절대. 진짜. 확실히. 죽어도

Never say never.

'절대'라는 단어는 절대 쓰는 게 아니다.

What is your answer?

existence

오늘 내가
사라진다면
무슨 일이 생길까?

존재의 의미를 가장 잘 알 수 있는 때는

그 존재가 이 세상에서 없어졌을 때다.

당신이 현재 하고 있는 것을

내일부터는 할 수 없다고 생각해보라.

당신의 생각에 어떠한 변화가 일어나는가?

당신이 오늘 지구상에서 사라진다고 생각해보라.

다른 사람들의 생각에

어떠한 변화가 일어날 것 같은가?

바로 그곳에 당신의 미래가 있다.

한 사람의 가치는

그가 '그곳에 있을 때 빛을 발하느냐'가 아닌,

그가 '그곳에 있지 않을 때

빛을 발하느냐'에 의해 판가름 난다.

What is your answer?

thought

쓸데없는 고집과 지나칠 정도로 집요한 상상이
사람을 갉아먹는다.

상상력은 다다익선이지만
상상은 다다익선이 아니다.

상상은 적당히 하는 것이 정신 건강에 좋다.
아니, 알고 보면 몸에도 좋다.

당신의 휴대폰, 그 안에 무엇이 보이는가?
당신 자신을 제외한 모든 것.

한 번쯤은 당신의 생각에 대해 생각해보라.
아주 깊이.

What is your answer?

anger

잠깐,
그게 화낼 만한
일이었나?

상대에게 분노를 폭발하는 것,

그것은 사실 아무 효과도 없다.

자기 자신만 감정적으로,

육체적으로 힘들어질 뿐이다.

뚜껑 열리는 일의 99%는

알고 보면 뚜껑을 열 만한

가치가 없는 것들로 이뤄져 있다.

세월이
지나가듯
Page도
넘어가지
잠시 피하면
다 지난일...

왜거기
서있어.

What is your answer?

honesty

×

무엇을
전하고 싶습니까?

Q. PT를 잘하는 비결이 있나요?

A. '진심'요. 비 유어셀프Be yourself,

가장 자기스럽게 하는 게 방법이에요.

보통 PT의 기술이라고 하면 '손을 어디에 둬라'

'말이 너무 빠르다' 같은 훈련을 받죠.

그런데 본질은 그게 아니에요.

잘 보일 생각 말고 내 마음을 전달하려고 하면 돼요.

진심이 있다면 빠른 말투도 열의로 보일 수 있어요.

자기 진정성을 가져야 해요.

내가 말하는 게 가치가 있다는 걸 내가 믿어야 해요.

사기꾼이 아닌 이상 그게 억지로 안 돼요.

내가 말하는 게 가치 있을 만큼 준비를 해야 하는 거죠.

- 박웅현, TBWA KOREA 대표

트위터twitter는 한 장으로 된 기획서One-page proposal이다.
특별한 콘텐츠나 핵심 없이 떠들어대는 건 누구나 할 수 있지
만, 중요한 이야기를 하나의 컨셉 하에 간결하고 위트 있게 요
약하고 정리해서 전달하는 건 아무나 할 수 있는 게 아니다.
그런 의미에서 트위터는 보고서를 잘 쓰고 싶어 하는, PT를
잘하고 싶어 하는 사람들에게 꼭 필요한 연습 도구다. 팔로워
follower들이 당신의 '상사'이자 '청중'인 셈이다.

울림을 전하고 싶은가?

그렇다면 눈이나 귀를 노리지 말고,

심장을 노려라.

진정성은 진실성으로부터 나온다.

What is your answer?

now

'지금'과 '다음' 사이

12월 25일을 위해 트리를 아껴둘 필요는 없다.

"벌써 달아?"라고 하는 사람들은 때를 기다리다

삶의 즐거움과 행복을 놓치는 안타까운 이들.

원래 '때'라는 건 없다.

마음이 정해주는 때가 바로 그 때이므로.

1년 내내 크리스마스일 수 있는 이유다.

'다음'은 자기 자신이 조작한 환상일 뿐,

원래 다음이란 없다.

지금이 바로 다음이다.

당신이 더 중요하게 생각하는 것은 무엇인가. '지금now'인가
아니면 '다음next'인가. 행복한 순간에 그 행복감을 즐기고 향
유할 줄 아는 사람은 멋진 사람이다. 하지만 더욱 멋진 사람은
불행한 순간에 그 불행감을 야금야금 씹어먹으며, 그 속에 감
춰진 행복의 씨앗을 발견할 줄 아는 사람이다.

What is your answer?

say

하루 동안 내가
무슨 말을 했더라?

말이 많다는 것은

해당 주제에 대해 잘 모른다는 뜻이다.

잘 모르니까 덜 쪽팔리기 위해서

말이 많아지는 거다.

자기가 무슨 말을 하려 하는지,

무슨 말을 하고 싶은지 잘 모르겠다면 입을 닫자.

그게 남는 장사다.

당신이 말을 많이 하는 사람이라면 반드시 말을 많이 하는 사람과 이야기를 많이 나눠봐야 한다. 자신이 평소에 얼마나 말을 많이 하는지, 어느 정도로 말을 해야 하는지 절감하게 될 것이다. 중요한 것은 중간에 짜증내거나 화내면서 피하지 말아야 한다는 것.

말

||

삶에 대한 해석

+

태도

+

자세

+

마음

What is your answer?

communication

소통,

내가 놓치고

있는 건 없나?

<u>왕대박 고집쟁이들에게</u>

상대방의 말이 맞든 틀리든 관계없이

일단 끝까지 들어보려고 하자.

인정하고 수용하는 것은

당장 생각할 필요가 없는, 그 다음 문제다.

받아들이지 않는 것보다

오히려 끝까지 듣지 않는 것에서

문제들이 터져 나온다.

거절을

"나는 당신이 싫어요"로 이해하는 사람들이 적지 않다.

거절은 당신의 생각에 대한

그 사람의 입장이자 관점일 뿐이다.

주관적이고 사적인 '감정'과는 아무 관련이 없다.

그러니 너무 예민하게 받아들이지 말 것.

What is your answer?

responsibility

자유냐 책임이냐,
그것이 문제로다

완벽한 자유는
완벽한 책임을 뜻한다.

프리랜서의 삶을 추구하는 이들에게

세상에 돈 없이는 아무것도 할 수 없다. 동의하는가? 그렇다면 돈을 안정적으로 확보하는 게 순서일 터. 돈을 안정적으로 확보할 수 있는 방법은, 시장에서 통하는 자기만의 셀링 포인트를 갖추는 것. 너무나 간단한 건데도, 이 간단한 셈법을 우리는 의외로 자주 잊어버린다. 먹고 살 수 있는 방법이 없다면, 자유는 말장난에 가까운 '레토릭'에 불과하다.

What is your answer?

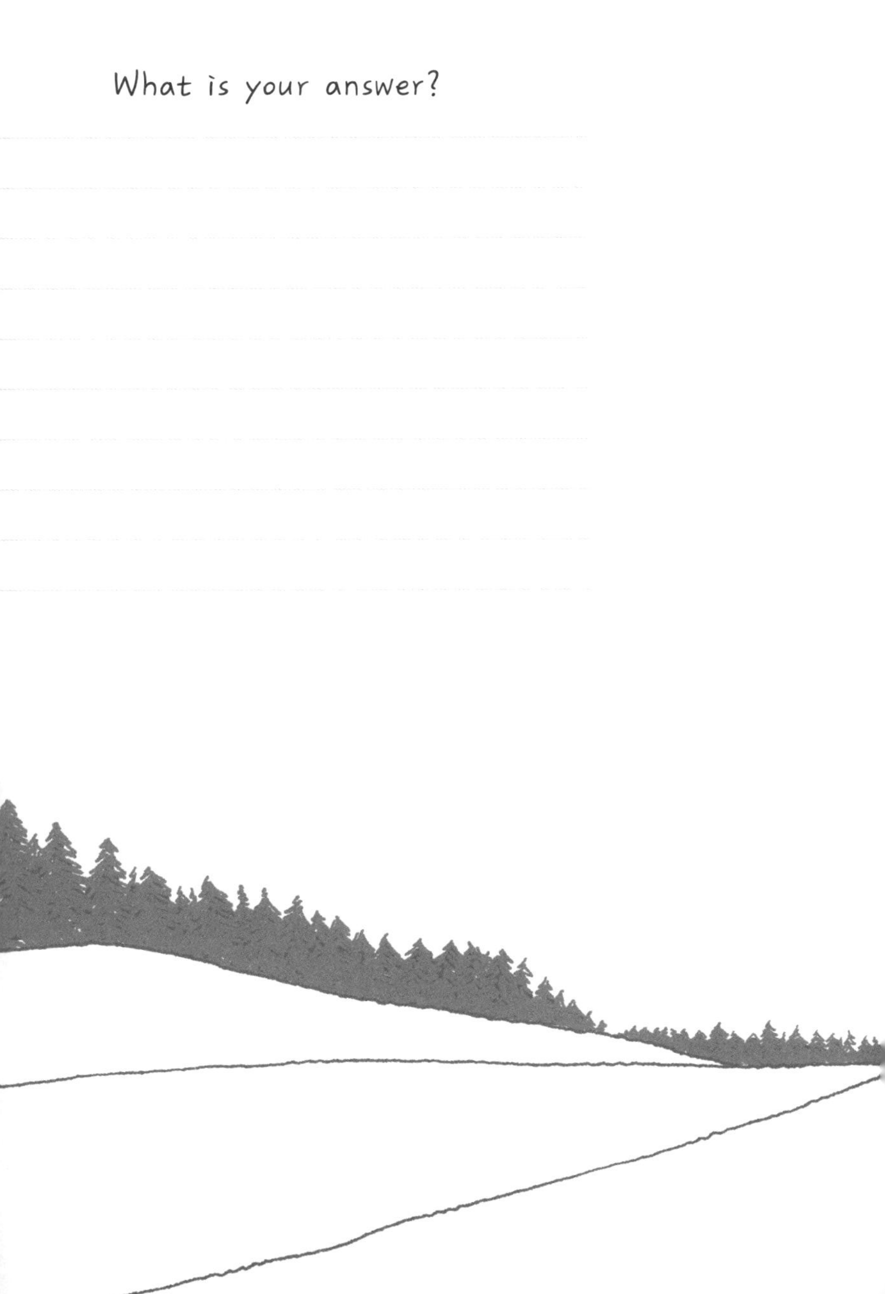

그대의
자유에
화이팅-!!
하지만
잊지마시게
숲속엔
신선한 풀만
있는게
아니라는
것을!

내용 제공

김정란, 〈사랑은 있다〉, 《용연향》, 나남, 2001
김형경, 《꽃피는 고래》, 창비, 2008
랜디 포시 외, 《마지막 강의》, 살림출판사, 2008
유홍준, 《나의 문화유산답사기》, 창비, 2011
클로드 브리스톨, 《신념의 마력》, 비즈니스북스, 2007
〈디자인〉, 디자인하우스, 2014년 2월호
〈씨네21〉, 씨네이십일주식회사, 2013년 9월 12일자 온라인 기사

인생이 하나의 질문이라면

펴낸날 초판 1쇄 2016년 10월 5일

지은이 허병민

펴낸이 임호준
이사 홍헌표
편집장 김소중
책임 편집 김보람 ｜ **편집 4팀** 박현주 전설
디자인 왕윤경 김효숙 정윤경 ｜ **마케팅** 강진수 권소희 김혜민
경영지원 나은혜 박석호 ｜ **지식사업부** 표형원 이용직 김준홍 류현정 차상은

일러스트 오금택
인쇄 (주)웰컴피앤피

펴낸곳 북클라우드 ｜ **발행처** (주)헬스조선 ｜ **출판등록** 제2-4324호 2006년 1월 12일
주소 서울특별시 중구 세종대로 21길 30 ｜ **전화** (02) 724-7635 ｜ **팩스** (02) 722-9339

ⓒ 허병민, 2016

ISBN 979-11-5846-121-8   13320

• 이 도서의 국립중앙도서관 출판예정도서목록(CIP)은 서지정보유통지원시스템 홈페이지(http://seoji.nl.go.kr)와
  국가자료공동목록시스템(http://www.nl.go.kr/kolisnet)에서 이용하실 수 있습니다. (CIP제어번호 : CIP2016022353)

• 북클라우드는 독자 여러분의 책에 대한 아이디어와 원고 투고를 기다리고 있습니다.
  책 출간을 원하시는 분은 이메일 vbook@chosun.com으로 간단한 개요와 취지, 연락처 등을 보내주세요.

북클라우드는 건강한 마음과 아름다운 삶을 생각하는 (주)헬스조선의 출판 브랜드입니다.